SLAY FEARLESS

SLAY FEARLESS

SLAY FEARLESS

SLAY FEARLESS

SLAY FEARLESS

SLAY FEARLESS

SLAY FEARLESS

SLAY FEARLESS

SLAY FEARLESS

SLAY FEARLESS

SLAY FEARLESS

SLAY FEARLESS

SLAY FEARLESS

SLAY FEARLESS

SLAY FEARLESS

SLAY FEARLESS

SLAY FEARLESS

SLAY FEARLESS

SLAY FEARLESS

SLAY FEARLESS

SLAY FEARLESS

SLAY FEARLESS

SLAY FEARLESS

SLAY FEARLESS

SLAY FEARLESS

SLAY FEARLESS

SLAY FEARLESS

SLAY FEARLESS

SLAY FEARLESS

SLAY FEARLESS

SLAY FEARLESS

SLAY FEARLESS

SLAY FEARLESS

SLAY FEARLESS

SLAY FEARLESS

SLAY FEARLESS

SLAY FEARLESS

SLAY FEARLESS

SLAY FEARLESS

SLAY FEARLESS

SLAY FEARLESS

SLAY FEARLESS

SLAY FEARLESS

SLAY FEARLESS

SLAY FEARLESS

SLAY FEARLESS

SLAY FEARLESS

SLAY FEARLESS

SLAY FEARLESS

SLAY FEARLESS

SLAY FEARLESS

SLAY FEARLESS

SLAY FEARLESS

SLAY FEARLESS

SLAY FEARLESS

SLAY FEARLESS

SLAY FEARLESS

SLAY FEARLESS

SLAY FEARLESS

SLAY FEARLESS

SLAY FEARLESS

SLAY FEARLESS

SLAY FEARLESS

SLAY FEARLESS

SLAY FEARLESS

SLAY FEARLESS

SLAY FEARLESS

SLAY FEARLESS

SLAY FEARLESS

SLAY FEARLESS

SLAY FEARLESS

SLAY FEARLESS

SLAY FEARLESS

SLAY FEARLESS

SLAY FEARLESS

SLAY FEARLESS

SLAY FEARLESS

SLAY FEARLESS

www.ingramcontent.com/pod-product-compliance
Lightning Source LLC
Chambersburg PA
CBHW070130240526
45468CB00002BA/758